気をつけよう！課金（かきん）トラブル

② ルールを自分（じぶん）でプレゼンしよう

高橋暁子（たかはしあきこ）／監修（かんしゅう）

ったくの無課金（むかきん）では
つまらない…

いっしょに
ルールを考（かんが）えたい

ゲームをするためのお約束（やくそく）４偪
1. ゲームは１
2. 家（いえ）の手伝（てつだ）い
3. 宿題（しゅくだい）はお風（ふ）
4. 課金（かきん）したい

オンラインゲームで
課金（かきん）する割合（わりあい）

率4〜6年生（ねんせい）	中学生（ちゅうがくせい）	高校生（こうこうせい）
45%	39%	23%

小学生（しょうがくせい）が多（おお）い！

汐文社
ちょうぶんしゃ

ゲームを安心して楽しむために

○× ルールを自分でプレゼンしよう

楽しく、安全にゲームをするために、おうちの人に**プレゼン（提案）**しよう！

ペアレンタルコントロールのことを知ってもらいたいな。

課金したくなる、**ぼくたちの気持ちも**知ってもらいたいよね。

もくじ

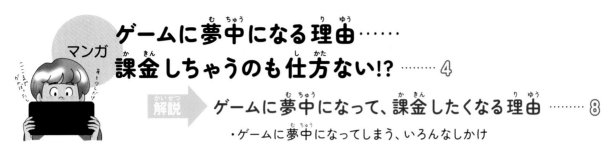

ゲームに夢中になる理由……
課金しちゃうのも仕方ない!?

解説へ

ゲームに夢中になって、課金したくなる理由

はじめると止まらない、おもしろいゲーム。そんなゲームの中には、**習慣化させるしかけ**がたくさんかくされているんだ。ゲームにコントロールされて、「おもしろくさせられている」のかもしれない。それを知ったらゲームとのつきあいかたも変わるかもね。人の心理にまつわる専門用語も紹介するから、ゲームのしくみを知って、かしこくつきあおう。

① **ごほうびと達成感** → ゲーム内で目標を達成すると、ごほうびや報酬を得ることができるしくみ。受け取ることで、次の目標に向かって続けてプレイしたくなる。

② **進み具合が見える** → プレイヤーの進み具合がひと目でわかるようになっている。「あと少しでレベルが上がる、クリアできる」ってときは、途中で止められないよね。

もう少しでレベルアップ！

Lv.19

「ゲームがおもしろくて、止まらない！」。みんなもこんな気持ちになったこと、一度や二度ではないよね。ゲームにはみんなに課金させたくなるいろんなしかけがあるんだ。

③ **レベルアップやランキング** → レベルアップやランキングのしくみを取り入れることで、自分自身や友だち、ゲーム内での知り合いとの競争が楽しめる。「負けたくない！」って気持ちに火がついてしまうんだ。

④ **イベントや期間限定** → ゲーム内で定期的にイベントや期間限定アイテムなどがあると、「いま買わないと損する！」と思って課金してしまうかも。人は得をすることよりも損をしないことを選びがちなんだって。

大人でも
「期間限定セール」
「いまだけポイント10倍」
なんて言われると、
予定にないものも
買ったりするよね（笑）

9

⑤ **フレンド関係**

→ 友だち同士でゲーム内で交流したり、協力、競争するしくみ。多くのゲームではフレンドリストやメッセージ機能、プレゼント送信などの機能があって、みんなで楽しめるから止められなくなってしまう。

⑥ **ソーシャル要素**

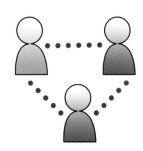

→ ゲーム内のソーシャル（社会）やコミュニティに参加してコミュニケーションや協力、競争など、友だちと交流することでより夢中になってしまう。

⑦ **無料**

基本プレイ
無料

→ 最初は無料でプレイできるけど、進むにつれて有料アイテムなどがほしくなるようなしくみ。

ゲームだけじゃなくても「最初の1か月だけ無料！」っていうサービスもあるよね。

⑧ 人気や流行

→ たくさんの人が「いいね」と言っているものには、人が集まりやすい。「友だちが持っているから自分もほしい、話題や流行に乗りおくれたくない！」というような気持ちになると課金もしたくなる。

⑨ 時間や努力、課金をムダにしたくない →

ここまでがんばった

あと少しだ

長期間ゲームに費やした時間や、課金したお金がもったいなくて、損をしているのに止められなくてしまう……。「今度こそアイテムを当ててみせる、当たるかもしれないし……」というときがないかな？

⑩ フロー体験 →

自分の能力を発揮し、夢中になって物事に集中する体験のこと。フロー体験によって、楽しさや満足感を得ることができる。

①～⑩のこんなしかけがあるから、
課金したくなる！

わたしたちの心がお見通しみたいだなあ。
オンラインゲームだと、イベントなんかも
時期ごとにアップデートするしねえ。
わたしがゲームに夢中になるのも仕方ないよね
（でもおうちの人は心配だよね）。

家族に課金ルールをプレゼンしよう

15

おうちの人と課金のルールをつくると、
安心・安全にゲームを楽しめる（課金編）

ゲーム課金についての約束事をつくろう

ゲームにハマると、つい課金したい気持ちになることは多いよね。でも1巻でも紹介したように、**課金トラブル**が増えているから注意しよう。とくに未成年のみんなは、トラブルにならないために、家族みんなでルールや約束事を決めておくことが大切だ。

課金したくなったら、おうちの人にまず相談

まずはなにより、おうちの人への相談が基本。こっそり課金して、しかも高額になったりすると家族みんなが困る大きなトラブルになることも。「これくらいならいいかな」と思って軽い気持ちで課金せずに、必ずおうちの人に相談しよう。

おこづかいだからって自由じゃないよ

おこづかいやお年玉ならゲームで課金してもいいよね、と思ってしまうかもしれないけど、そんなときもおうちの人に相談しよう。

大人もゲームに課金することが絶対に悪いことだと思っているわけじゃない。けれど、他のものとのバランスを考えた**「お金の使い方」**が大切だと思っているんじゃないかな？

ゲームの課金をするときに、おうちの人たちと約束事やルールをつくっておこう。よけいなトラブルに巻きこまれづらくなるし、おうちの人たちだって安心だ。

ペアレンタルコントロールを、おうちの人に提案！

ペアレンタルコントロールって知ってるかな？　ゲーム専用機やスマートフォン・タブレットに備わっている、**"保護者が制限する機能"** のこと。ゲームで課金したときに、おうちの人にも連絡がくるしくみだ。

28ページでくわしく説明するよ！

コラム　みんな、どれくらい課金してる？

日常的にオンラインゲームで課金する割合は、小学4〜6年生で45%、そのうち月3000円以上の課金をしている人が21%という調査データがある。大人からすると、結構多くておどろくかもね。課金トラブルにつながっていないか心配だ。

右の図で注目したいのが中学生、高校生になると、その割合が減っていること。大きくなるにつれて、上手にゲームの課金を使いこなしているんだね。みんなも早くそうなれるようにね。

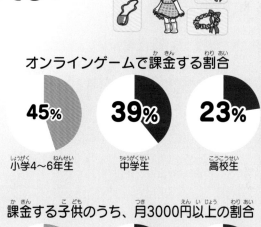

オンラインゲームで課金する割合

45%	39%	23%
小学4〜6年生	中学生	高校生

課金する子供のうち、月3000円以上の割合

21%	16%	17%
小学4〜6年生	中学生	高校生

出典：「香川県教育委員会調査」（令和2年）

おうちの人に 課金のルールを プレゼンしよう

課金のルールづくりのヒントを紹介するよ。
みんなも自分たちのルールをつくってみよう。

「月に一度だけ」
「テストが終わったら」
というルールをつくる。

まずは回数を
決めるってことね。

「年に●●●●円まで」
「月に●●●円まで」
というルールをつくる。

金額を決める
のって一番大切かも。
上手におこづかいを
使わないとすぐ
なくなりそうだ。

おうちの人に課金時の
パスワードを必ず
管理してもらう。

うっかりログイン
できても、
こっそり課金を
しないように！

基本的には、
買い切り型ゲームで遊ぶ。

オンラインで
遊びたい場合は、
おうちの人の
許可を得よう。

プリペイドカードで
買うときも、
おうちの人に相談・報告を。

おこづかいの
範囲だからって、
使いすぎないように！

課金した額を
おこづかい帳につける。

「いつの間にか
こんなに使っていたん
だ！」って驚くことに
なるかもよ!?

まとめ

おうちの人も
「いいね!」と思えるルールを
プレゼンすること。

おうちの人と課金のルールをつくると 安心・安全にゲームを楽しめる（生活習慣編）

他のみんなは、どんなルールで遊んでいるだろう？　アンケートや調査をしたところ、こんな例が出てきたよ。ゲームも楽しいけど、小学生はとくにからだも心も成長するときだから、時間を大切に！

◯ ゲームは1時間までとする

ゲームは「夕ごはんまで、●時間まで」と長さを決める家族が多いみたいだ。勉強のさまたげにもならないし、息抜きやストレス発散にもなるから、1時間までとするケースが多いみたい。

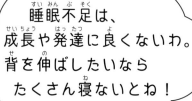

ちなみに2時間を超えると発達や勉強へ悪影響があるという研究結果もあるよ。

◯ 夜はゲームをしない

ゲームをするのは日中のリビングでだけ。そんな約束をしている家族も多い。寝室には持ち込まず、夜はゲームをしないという約束事やルールを設けている人たちもいる。時間だけでなく、ゲームをやる"場所"を決めるって大切かもね。

睡眠不足は、成長や発達に良くないわ。背を伸ばしたいならたくさん寝ないとね！

課金以外にも、ゲームをするときのいろんな約束事の例を紹介するよ。参考にしておうちの人とキミたちだけのオリジナルの約束事をつくってみよう。

⭕ 宿題をした後など、やることを終えてのごほうびに

宿題やお手伝い、夕ごはんの後など、やるべきことをやった後のごほうびとしてゲームを行うルールにしているおうちも多いよ。

宿題を速攻終わらせてゲームだ！大人も仕事をしっかり終えてからが、趣味の時間だからな。いまから時間の使い方を訓練しておくことだよ。

⭕ ゲームをまったくしない日もつくる

週に何日かはゲームをしない日を決めているケースもある。ゲーム以外におもしろい遊びやスポーツ、習い事はたくさんあるはずだよ。

「ノーゲームデー」ってなんかかっこいいね。

⭕ 年齢にあったゲームを選ぼう

ゲームには年齢設定も設けられているから、おうちの人と相談して、プレイしていいかを決めよう。レベルが高すぎて全然おもしろくないってこともあれば、刺激が強すぎて危ないこともあるかも。

すごく怖いゲームってあるしねー。

課金にもいいことがたくさん。
おうちの人にメリットも伝えよう

　みんな、ゲーム課金を「できるならしたい」ときと、「どうしてもしたい」っていうときがあるよね。

　できるならしたいときは、「ゲームを有利に進められる」「ほしいアイテム・キャラがつくれる」っていうときだろうし、どうしてもしたいときは「友だちとの関係」に理由があるんじゃないかな？

友だちとの関係が大切

リアルな社会での悩みと同じことが、ゲームの中でも起きているんだよ……

課金しないと「自分だけキャラ（アバター）の見た目がコロコロ変わったり、みんながいいアイテムを持っているのに、自分だけ…」なんていう情けない気持ちになるよね。

時短ができることで、時間をうまく使える

宿題や家事のお手伝い、習い事の練習など、時間を上手に使ってね！

課金することで、同じ状況やステージに何度も挑戦しないで済む場合が多いよね。おうちの人は、長い時間ゲームをしていることも気にかけているので、時間が節約できるというメリットも伝えてみよう。

課金はかならずしも悪いことではない。ゲームで課金をするともちろんいいこともあるし、しないと困ってしまうことだってある。おうちの人などに、いまどきのゲーム事情も知ってもらおう。

おうちの人にプレゼンしてみよう

Aさん：学校や勉強だけじゃなくて、ゲームの悩みも週イチで相談します！

Aさんの親：課金しないとクリアできないこともあるんだな。昔といまではちがうな。

Bさん：おこづかい帳をつけて、毎月報告します！

Bさんの親：上手に使って余った分なら、ゲームに課金するのもいいかもね。

Cさん：ゲームより宿題を先にするよ。早く終わったら、ちょっと長くゲームさせてね。

ギロ

Cさんの親：テキトーにやったら、ゲームもなしよ！

Dさん：課金したら次のステージまでの時間が短縮できるから、ちゃんと8時間寝て、勉強にスポーツにがんばるよ。

Dさんの親：ちゃんと時間の管理ができるなら安心ね。

「ペアレンタル コントロール」を知ろう

「ペアレンタルコントロール」を取り入れて、安心してゲームで遊ぼう

「ペアレンタルコントロール」とは、ゲーム専用機やスマートフォン・タブレットに備わっている、保護者が安全などのために管理できる機能のこと。おうちの人に設定してもらえたら、ゲームの課金だけでなく、危ないサイトやアプリを見ることがないよう見守ってもらえるから安心だ。よけいなトラブルに巻き込まれるリスクが少なくなるから、この本をきっかけに取り入れてみよう。

ペアレンタルコントロールでは、こんな安全管理ができる

例
- 利用時間
- ネットへのアクセス
- コミュニケーション機能
- 課金
- 年齢制限
- 不適切なサイトや動画の閲覧制限
- アプリのダウンロード制限

など

こっそりゲームがしたいときもあるけど……。

ダメダメ。安心してゲームを楽しんだほうがいいよ。

「ペアレンタルコントロール」とは、ゲーム専用機やスマートフォン・タブレットに備わっている、"保護者が安全などのために管理できる機能"のこと。取り入れることで、家族みんなでゲームをより安心して楽しめるようになれるよ。

ペアレンタルコントロール
で
おうちの人も安心できる！

スマホ依存が心配	有害サイトを見せたくない	アプリを制限したい	高額請求が心配

↓	↓	↓	↓
利用時間の制限	フィルタリング	アプリ利用・インストール制限	決済・課金制限

おわりに

最後まで読んで
くれてありがとう！

おうちの人と
ゲームをするときの
ルールをつくってみてね。

3巻では、
ゲームの最新事情と
対策をゲーム会社の人に
聞いてみるよ！

さくいん

〈監修者プロフィール〉　● **高橋暁子**（たかはし・あきこ）

ITジャーナリスト。成蹊大学客員教授。

SNSや情報リテラシー教育が専門。スマホやインターネット関連の事件やトラブル、ICT教育事情に詳しい。東京学芸大学卒業後、東京都で小学校教諭などを経て独立。書籍、雑誌、Webメディアなどの記事の執筆、企業などのコンサルタント、講演、セミナー、講義、委員などを手がける。

『ソーシャルメディア中毒』（幻冬舎）、『できるゼロからはじめるLINE超入門 iPhone＆Android対応』（インプレス）など著作は 20冊以上。

SNS、10代のネット利用実態とトラブル、スマホ＆インターネット関連事件等をテーマとして、NHK『あさイチ』、NHK『クローズアップ 現代＋』、NHK『所さん！事件ですよ』他、テレビ、雑誌、新聞、ラジオ等のメディア出演多数。

全国の小中高校大学、自治体、団体、企業などを対象に毎年50回ほどの講演・セミナーを行っている。

「青少年を取り巻く有害環境対策の推進」技術審査委員会技術審査専門員（文部科学省より委託）。教育出版中学校国語の教科書にコラムが掲載中。

〈参考サイト〉　香川県教育委員会調査（令和2年）

〈文・まんが・イラスト〉田中ナオミ

〈デザイン〉やすいともひろ

気をつけよう！　課金トラブル
2　ルールを自分でプレゼンしよう

2024年1月　初版第1刷発行

監　修　**高橋暁子**

発行者　**三谷光**

発行所　**株式会社汐文社**
　　　　〒102-0071　東京都千代田区富士見1-6-1
　　　　TEL：03-6862-5200　FAX：03-6862-5202
　　　　https://www.choubunsha.com/

印　刷　**新星社西川印刷株式会社**

製　本　**東京美術紙工協業組合**

ISBN 978-4-8113-3100-3